AF450870

LETTRES

SUR

LES TRUFFES

DU PIÉMONT

ECRITES PAR MR. LE COMTE

DE BORCH

en 1780.

Multitudo errantium non patrocinatur errori.

À MILAN.

CHEZ LES FRERES REYCENDS LIBRAIRES

SOUS LES ARCADES DE FICINI.

PRÉFACE.

L'HISTOIRE Naturelle eſt un champ vaſte ouvert à l'hypotéſe comme à la verité. Une foule de prétendus reſultats, ſous la main d'un homme à ſyſthême, y donnent quelque fois à l'erreur les déhors sé-duiſans & l'apparence de la réalité ; & peuvent égarer à la fois & l'ignorant qui accorde tout, parce qu'il n'eſt au fait de rien, & le ſavant qui croit que tout le monde met dans ſes écrits la même bonne foi qui caractériſe les ſiens. La ma-nie qu'on a de vouloir toujours donner du neuf au Public ſemble avoir aſſocié plus dans notre ſiecle que dans tout au-tre la défiance au ſçavoir, & auſſitôt qu'un ouvrage parait au jour, la critique, qui ne devrait être que le cenſeur de l'éſprit, devient l'accuſateur de la raiſon ; elle dépéce, & blâme un écrit plus à cau-ſe de la nouveauté que rélativement aux erreurs qu'il peut receler.

Cette conſidération a plus d'une fois géné les élans de l'éſprit, retardé les pro-grès des arts, & arrêté l'extenſion des bornes de nos connoiſſances. Si de tems

en tems la nature n'accordoit à l'humanité des genies superieurs, qui ne craignent
pas de s'opposer au torrent des idées &
des maximes reçues, qui ne refusent pas
de servir d'organe à la vérité, & de flambeau à l'évidence, où en serions nous ?

Pénétré de cette vérité, j'ai cru devoir
avant tout donner à ma découverte toute
la consistence dont une nouvelle méthode
peut être susceptible, soit en triturant mes
idées, soit en répétant mes essais ; mais
enfin, quand j'ai vû des resultats toujours
égaux couronner mes analyses, & la conclusion désirée naitre au sein d'une expérience rigide, & toujours à la suite des
mêmes procédés, je n'ai plus balancé à
communiquer au Public ma découverte ;
m'éstimant plus coupable en gardant le
silence sur des nouveaux moyens de propager des végétaux utiles, que ne le seroit le colon avare qui cacheroit à sa
patrie des mines ou des carrieres, dont
le hazard lui auroit procuré la découverte.

Je n'ignore pas tous les raisonnements
que mes recherches ont occasionnés. Bien
des personnes confondent le Phyrronisme
volontaire avec le doute refléchi, & *pro-*

blematifent une vérité, qu'ils ne fe donnent point la peine d'éxaminer, parce
qu'ils ne veulent point y ajouter foi;
d'autres tenant à des prejugés enracinés
dans leurs ames, ne croyent vraies que
les méthodes adoptées par l'ufage, & toute lumiére nouvelle leur paroit illufoire.
Je n'ai point cherché à combattre dans
cet ouvrage les notions vulgaires; on ne
blâme les idées des autres, que pour éle-
ver les fiennes fur les debris des pre-
miéres: j'ai cru remplir le même bût d'une
maniére plus honnête en donnant à ma
découverte tout le tems, & tous les foins
qui ont dépendu de moi; le vrai, & le
bon ont trop de fuperiorité fur le faux
& fur le mauvais pour ne point être bientôt reconnûs; & fi ces deux qualités font
le fondement de mon fyfthême, fans que
je dife rien en fa faveur, on fe convain-
cra aifément du faux éclat des autres, &
des avantages que le mien a fur eux.

La faifon contraire, le defaut d'une
expofition favorable, quelques courfes in-
difpenfables qui m'ont empeché de fuivre
continuellement mes procedés par moi même, & le peu de foin des perfonnes pré-

posées pour y veiller pendant mon ab-
sence, m'ont privé de l'avantage de donner à mes essais un succès aussi plein que
j'avais lieu de l'attendre de mes travaux;
cependant mes analyses ont eû des suites
trop flatteuses pour n'être considérées que
comme des simples tentatives. J'ai obtenu
dans mon Cabinet à force de soins, le
développement du tissu cellulaire de la
Truffe, & la sémence qu'il recele, &
dont on a si long tems disputé l'éxisten-
ce; j'ai fait germer cette derniére dans
une terre factice faite à l'instar de celle
qui produit ce fruit dans les provinces
piemontaises; & j'ai eû, ainsi que le detail-
lera cet ouvrage, des Truffes grises de mon
crû, de la grosseur d'une forte noisette.

J'ai joint à ce travail l'analyse chymi-
que de la Truffe, & son parallelle avec
le fonge produit par la pierre fongifére,
qui peut servir de réfutation du systhême
chymérique présenté sur ce sujet par Mr.
Severin, & qui se trouve inséré dans l'in-
teressant recueil du Journal de physique de
Mr. l'Abbé Rozier.

Il est des personnes qui étant peu au fait
des bases fondamentales qui constituent

la force & la richeſſe des états, croient que c'eſt faire un tort irréparable à un pays, que de communiquer aux autres les procédés de quelques arts excluſifs, ou bien les méthodes des cultures particuliéres mieux connues d'une nation, que d'un' autre ; mais qu'il me ſoit permis de ranger ce préjugé parmi ceux qui aviliſſent l'homme, & le dégradent aux yeux du ſage.

La nature eſt une mere tendre & prudente : il ſemble qu'elle a prévu que ſes enfans formeroient des corps séparés, des peuples égoïſtes, & jaloux des propriétés nationales ; dans cette idée elle a partagé ſes bienfaits entre les climats qui diviſent le ſol que nous habitons. Malgré l'unité des principes & les beſoins ſimilaires des hommes, il n'eſt point de pays qui n'ait quelque produit plus propre à lui, qu'à ſes voiſins. En cent endroits differents en Europe on fait du drap, des étoffes, de la porcellaine ; cependant l'Angleterre, la France, & la Saxe conſervent leur ſupériorité chacune dans un de ces trois genres. Tout de même on ſémera des Truffes en France, en Angleterre, peut etre même en Pologne, &

en Ruſſie, en ſuivant la méthode que je préſcris, mais toujours les provinces piemontaiſes auront la préférence par la ſupériorité naturelle, que tout produit indigéne doit avoir ſur un fruit éxotique, & né dans d'autres climats à force d'art & de ſoin.

Ecrites ſans prétention, ces lettres n'ont d'autre mérite, que celui de ſervir d'interprète à la vérité, & de communiquer au Public une connoiſſance utile, mais négligée; j'oſerai dire même confonduë dans la claſſe des impoſſibles.

L'expérience, dont je donne ici le detail, prouve clairement le contraire. Je garantis les faits, & je reclame l'indulgence du Lecteur pour la maniére dont je les préſente. J'ai eû contre moi l'aridité du ſujet, & les difficultés d'un idiome qui m'eſt étranger : d'ailleurs ayant plus en vue la marche didactique des preuves, que les agrémens du ſtyle, j'ai plus penſé aux ſoutiens d'une theſe nouvelle, qu'aux fleurs qui euſſent pû rendre ma diction plus riante par l'apparence ſéduiſante de leurs couleurs.

LETTRE I.

SUR LES TRUFFES DU PIÉMONT

À Monsieur le Marquis

DE BALBIAN

Gentilhomme de la chambre de S. M.
le Roi de Sardaigne.

Tenant de vos mains, Monsieur le Marquis, une partie des matériaux fur les quels j'ai opéré dans mes analyfes, j'ai cru vous devoir auffi les prémices de mes opérations. J'ofe croire, que vous voudrez bien confidérer ce travail non feulement comm' un objet de délaffement, mais encore comm' un tribut dû à l'amitié, dont vous avez bien voulu m'honorer.

Le fuccès a couronné mes éffais : mais avant que de vous entretenir des détails qui ont établi mes tentatives en certitude, il me paroit néceffaire de vous dire deux mots des motifs qui m'ont engagé à travailler fur cette matiere, des fecours qui m'ont frayé cette route peu fréquentée, & enfin de la nature de la Truffe. Pour etre même plus méthodique dans ma marche, je commencerai par ce dernier article.

La Truffe eft un tubercule charnu, tantôt couvert d'une peau groffiere & dure au toucher, toute chagrinée, ayant une furface mamellonée & très irréguliere dans fes protuberances ; tantôt enveloppé d'une pellicule veloutée & nullement chagrinée.

Cette différence n'eft pas la feule qu'on obferve dans ce fruit : l'odeur, la couleur & la configuration changent encore dans cette plante fuivant les pays qui la produifent.

Communément on ne connoit que deux fortes de Truffes : les noires, & les blanches ; celles de la premiere qualité fe trouvent généralement répandues dans prefque tous les pays de l'Europe ; j'ai même oui dire qu'on les connoiffoit en Afie, fur-tout au Japon & à la Chine. Pline parle de celles de Lesbos.

Celles de la feconde ne viennent que dans le territoire d'Afti dans le Montferrat, & dans quelques autres provinces du Piémont ; & ce n'eft pas fans raifon qu'elles font de beaucoup préférées aux autres. 'A ces deux efpeces univerfellement connues, j'en ajouterai une troifieme, diftinguée dans le

Piémont sous le nom de *Bianchetti* : fruit que les gourmets confiderent comm'un individu detérioré de la claffe des Truffes blanches, & que les naturaliftes ont préfenté comme une variété de ces mêmes Truffes.

Mais la premiere diftinction de cette plante eft abfolument fauffe, & la feconde infuffifante, ainfi que je vais le prouver par la defcription précife de ces trois efpeces de Truffes.

Les Truffes noires *Tubera fubterranea tefticulorum forma*, de *Mentzelius*, Pugil. rarior. plantar. : *Tuber brumale*, *pulpa obfcura*, *odorata*, de *Micheli* Inft. rei herb. tab. 102., *Licoperdon*, *globofum*, *folidum muricatum* de *Linné* Spec. plant. p. 1553. Les Truffes noires, dis-je, font moins mamellonées dans leur configuration, leur chair tire fur le noir, ou plutôt fur le brun, l'épiderme qui leur fert d'enveloppe a l'air d'un' écorce, elle eft dure, d'un noir luifant & toute chagrinée. 'A travers du tiffu cellulaire qui compofe la chair de ce fruit on diftingue des veines d'un blanc bleuatre, de l'épaiffeur d'un gros crin de cheval : ces veines diverfement diramées, & fans fuivre une direction éxacte dans tous les individus de cette efpece, font les conduits, à travers des quels circule la féve nourriciere.

La Truffe blanche appellée *tuber albidum*

par *Cæfalpin & Tuber æftivum , pulpa fubob-
fcura minus fapida ac odorata ,* par *Micheli,*
'a une configuration extérieure très-mamello-
née, & en forme de rognon, fa chair eft
d'un blanc fâle, la peau qui l'enveloppe eft
fine par elle-même, mais elle eft recouverte
au dèhors d'un duvet ras mais ferré, & qui
lui donne un tact velouté, la couleur de
cette peau eft tantôt d'un brun jaune rou-
geatre de caffè au lait, & tantôt d'un gris
jaunatre pâle . Les veines dépofitaires de la
sève de cette plante font d'un rouge jaunatre
clair, & leur fineffe eft extrême . Au milieu
de ces veines on apperçoit communément
des petites taches rondes, d'un rouge plus ou
moins vif, fuivant le degré de maturité du
fruit . Ces taches font une des marques di-
ftinctives que recherchent les gourmets dans
le choix des Truffes.

Enfin la troifieme efpece conniie fous le
nom de *Bianchetti* dans le Piémont, & qu'
aucun auteur n'a diftinguée par une appella-
tion particuliére, differe de toutes façons des
deux efpeces que nous venons de décrire .
Les *Bianchetti* font pour l'ordinaire rondes,
un peu applaties dans leurs furfaces fupé-
rieures & inférieures, pas plus groffes qu'une
forte noix, fans aucune protuberance à l'extérieur . Leur chair eft blanche, livide ; la
peau qui les revêt au déhors. eft grife clai-

re, fans duvet & fans chagrainure, fes veines ne fe diftinguent que fous la dent, car
l'uniformité de leur teinte avec la chair du
fruit, les rend imperceptibles dans la maffe
du tiffu cellulaire qui les environne. D'ailleurs les Truffes noires ont un' odeur muf-
quée qui fe renforce même dans leur putré-
faction ; les Truffes dites blanches, & que j'ap-
pellerai grifes, exhalent une forte odeur d'ail ;
& les *Bianchetti* ne manifeftent qu'une défa-
gréable odeur terreufe, attribuable non au fruit
même, mais à l'élément qui le receloit dans
fon fein. La Truffe noire a une chair humide,
la Truffe grife a une confiftance favonneufe,
& les *Bianchetti* font tout-à-fait farineufes.
Toutes ces différences me paroiffent plus que
fuffifantes pour faire confidérer ces derniéres,
non comme une variété des Truffes grifes, mais
comme une efpece abfolument à part.

En général, abftraction faite des diftin-
ctions que nous venons d'obferver, toutes les
Truffes croiffent de la même maniere, fans tige,
fans pédicule, fans feuilles, & même fans ra-
cine ; ce qui leur a fait refufer pendant quelque
temps le nom de plante, mais enfin le fenti-
ment de Mr. *de Geoffroy* a prévalu, & ayant
reconnu dans la Truffe une végétation détermi-
née, malgré la privation des autres caractères
néceffaires pour conftituer une plante, on a
rangé les truffes fous l'étendard de la botani-

que, en les comprenant cependant dans la claſſe des plantes moins parfaites.

La maniere tout-à-fait particuliere, dont on voit naître & profiter en terre ce fruit ſingulier, a été le premier motif qui a arrêté mes regards. Deſtituée de racines & de feuilles comment eſt-ce que la Truffe peut ſubſiſter & croître, n'ayant ni trombes qui puiſſent ſucer les humeurs de la terre, ni aucune communication avec l'élément ſupérieur qui lui tranſmette l'influence bienfaiſante de l'atmoſphere, ſi ſalutaire à tout le regne végétal? Telle fut la premiere queſtion que je me ſuis faite à moi-même: aucun auteur n'avoit écrit ſur cette matiere d'une maniere ſatisfaiſante; c'étoit donc à ma raiſon à me répondre, & dès lors je formai le deſſein d'épier la nature dans ſes procédés à l'égard de ce fruit. Mais comme je ne connoiſſois que l'eſpèce des Truffes connues ſous le nom de noires, c'eſt ſur elles ſeules que ſe ſont étendues mes recherches. Etant arrivé dans le Piémont, j'y trouvai deux eſpeces différentes & dont on m'aſſuroit l'éxiſtence abſolument attachée au ſol de ce pays. Cette particularité de plus piqua ma curioſité; & auroit ranimé mes analyſes, ſi le peu de temps que j'ai paſſé dans ce pays la premiere fois, m'eut permis d'y appliquer mes ſoins. J'ai donc remis cette recherche à mon retour. Pendant cet intervalle j'eus occaſion de voir à

Naples la pierre aux champignons, *Lapis fun-gifer*, qu'on prétend être la Lyncarie ou pierre de Lynx des anciens, la quelle fans manifefter aucune fémence produifoit un champignon tous les huit jours à peu près. Ce nouveau phénomene me confolida dans l'opinion que les champignons avoient une fémence, & qu'avec beaucoup de foin l'homme pouvoit la recueillir, & la confier enfuite à la terre pour la propager. Partant de ce principe, & affimilant deux natures entre les quelles je trouvois une certaine affinité, je crus pouvoir décider que les truffes avoient auffi leur fémence, & qu'il ne dépendoit que de notre vigilance de la recueillir & de nous en fervir au befoin. Mes premiers éffais s'étendirent fur les champignons, & ne voulant point répéter aucune des expériences faites avant moi, comme, par exemple, celle de la lavure, des coupeaux des fonges enterrés fous une couche &c., je tournai tous mes foins vers ces pierres & procédai de la maniére fuivante, en renouvellant toujours mes expériences pour plus de certitude.

Perfuadé que les champignons pour croître avoient befoin d'une fémence qui renfermât leur premier germe, & d'une terre nourrice qui pût fournir à cette plante naiffante des fucs trop néceffaires à la prolification, je tirai d'abord cette pierre de la terre qui l'environnoit & je la laiffai nue exposée aux influences de l'air ambiant, me contentant de l'arrofer de tems en tems. Comme cette précaution ne faifoit que diminuer l'aliment du germe, fans dépouiller abfolument la pierre des fêmences qu'elle renfermoit, elle me produifit un champignon de l'efpece ordinaire, mais petit fec & mal nourri, au point qu'étant parvenu à un certain état de grandeur il fe fanna. Content de ce premier éffai je le répétai, mais auparavant je lavai la pierre dans plufieurs eaux, ayant la précaution de faire entrer ce fluide autant qu'il m'étoit poffible dans toutes les porofités de la pierre. La fuite de cette expérience fut telle que je l'avois prévue, car la pierre ne manifefta plus aucune végétation au déhors.

Après cette tentative j'en fis un autre: j'analyfai la pierre même, & à la fuite de mes obfervations je reconnus que c'étoit un tuf argilleux, ou plutôt un peu refractaire, car il contenoit beaucoup de particules calcaires entremêlées dans les molécules vitrifiables. Je me procurai un tuf de nature femblable, je le broyai, j'en fis une caiffe, au milieu de laquelle je plaçai une de ces pierres *fongiferes*, & pendant une quinzaine de jours j'arrofai cette terre mêlée à un tiers à peu près de bon terreau noir de jardin, d'une eau dans la quelle j'avois fait laver des champignons de la nature de ceux que ces pierres produifoient, & dans moins d'un mois ma caiffe fe trouva couverte de champignons de la même qualité. Ces champignons parvinrent à leur parfaite maturité, & j'ai eu la fatisfaction d'en faire manger à plufieurs perfonnes à Naples, entr'autres à Madame la Princeffe de *Francavilla*, des mains de qui je tenois les pierres fur les quelles j'avois travaillé.

Etant de retour dans le Piemont, je profitai de ces premiers effaîs, & j'ai cru devoir agir d'une maniére à peu près femblable à l'égard des Truffes. Voilà l'expofé de mes motifs : ils vous ont paru juftes dans l'énoncé que je vous en ai fait verbalement : je vais les rendre encore plus légitimes en entrant à cet égard dans un détail un peu plus circonftancié.

'A l'égard des fecours qui m'ont frayé cette route, & qui m'ont en partie applani les difficultés qui gênoient mon entreprife, je les dois en grande partie à vous, Monsieur le Marquis, & il m'eft bien doux de vous avoir cette obligation : l'expérience & un' analyfe rigide m'ont fourni le refte, car tous les auteurs que j'ai confulté à cet égard, ou n'en parlent presque point, ou ils ne font que fervir d'organe au préjugé, en rapportant fimplement ce qu'on difoit de leur tems fur les Truffes & fur leur régénération.

C'eſt ainſi qu'on entend dire communément que les Truffes viennent ſans ſémence, produi-tes au hazard par une conglomération de par-ticules végétales . Ne diroit-on pas que la Truffe ainſi produite, dût ſervir de ſymbole au monde d'*Epicure* formé de l aggrégation des atomes . D'autres fondant leur opinion ſur l'eſpece de tendance, qu'ont les truffes pour les chênes & pour les ormes, croyoient pouvoir avancer que ce fruit n'étoit qu' une excreſcence ligneuſe, eſpece *d'agaric* tendre de chêne, ou bien d'orme. Enfin le commun, ſans établir aucun ſiſtême, ſans rechercher les motifs de cette végétation ſinguliére, & ſe contentant ſeu-lement de la certitude que la Truffe griſe ne venoit qu'en Piémont, ils reconnoiſſoient bien que ce fruit devoit avoir une ſemence propre à lui, mais ils aſſuroient en même tems qu'il étoit impoſſible de la recueillir, & que par conſéquent toutes les tentatives, qu'on pourroit éſſayer pour la transplantation de ce fruit in-digene au Piémont, étoient inutiles.

C'eſt au milieu de toutes ces opinions dif-férentes que j'ai entrepris mon travail ſur les Truffes; le ſuccès a prouvé qu'il n'étoit ni inutile, ni mal fondé. Paſſons à l'éxamen des procédés que j'ai ſuivi dans cette analyſe. L'examen rigide de la terre dans la quelle croiſ-ſent les Truffes griſes étant pour moi la con-noiſſance la plus importante, c'eſt donc à cette recherche que j'ai confacré mes premiers foins.

Les Truffes aiment de préférence un terreau végétal, vraie terre franche, cependant mêlée d'un peu d'argile & abondante en molécules provenantes de la deftruction des végétaux. Ce terrain par conféquent n'eft ni gras ni ténace. Pour que les truffes y viennent en abondance il faut qu'il foit un peu arrosé, & dans un état de ficcité mediaire. Car pour l'ordinaire les Truffes difparoiffent dans un terrein auffitôt qu'il produit du bled, ou des legumes. Cette obfervation eft fondée fur une expérience journaliere.

Ayant reconnu la qualité du terrain propre à la Truffe, j'ai composé une terre artificielle de la combinaifon de plufieurs natures differentes, que j'avois reconnu former la totalité du terreau propre aux Truffes. J'ai fuivi à cet égard les proportions fuivantes. Sur 7 parties de bon terreau de jardin j'en ai mis 2 de bonne terre argilleufe, & 1 de rapure de chêne; j'ai éxactement mêlé le tout enfemble, & je l'ai abondamment arrosé de bonn' eau de pluie. Après celá j'ai exposé cette terre au grand foleil pendant quelque temps jufqu'à ce que les rayons euffent pompé & abforbé toute l'humidité qui détrempoit cette terre; la voyant dans un état de ficcité tel que je le défirois, je confiai à cette terre quatre Truffes grifes bien choisies & de la plus belle qualité en marquant avec des étiquettes chacune d'elles. Au bout de quinze jours de flation en terre, mes Truffes n'avoient encore rien produit, ou plutôt je n'obfervai en elles aucun changement frappant. Dans les quinze jours fuivants une de ces Truffes, ayant trouvé un peu d'humidité dans le creux qui la receloit, fe couvrit d'une moififfure blanchâtre, & elle pourrit; je fus donc obligé de la jetter. Dans ce même intervalle je remarquai que mes autres Truffes, fans aucun figne extérieur de pourriture, perdoient l'odeur d'ail qui leur eft naturelle, & acqueroient en revanche une forte odeur terreufe mais alkaline. Je crus devoir attribuer celà à leur décompofition intérieure & je ne me trompai pas; car infenfiblement je remarquois toutes les fois que je les découvrois que leur furface extérieure fe baiffoit, molliffoit, & fouvent en place des premieres protubérances, offroit des vuides ou du moins de profondes cavités. Chaque jour opéroit un changement plus marqué: enfin j'obfervai que la décompofition intérieure avoit produit une folution de continuité dans la totalité d'une de ces Truffes, dont la chair & la peau fe détachoient par lambeaux.

Vous trouverez peut-être extraordinaire, MONSIEUR LE MARQUIS, que je me fois plû à

putrefier ainſi ces Truffes, mais vous ne pourrez qu'approuver ce procédé quand je vous
aurai fait part des motifs qui m'ont obligé à
ſuivre cette route.

Quelques jours avant de mettre ces quatre
Truffes en terre, je m'étois amuſé à couper
une belle Truffe griſe en différens ſens, &
après avoir vainement fatigué mes yeux dans
l'indagation de ſes parties conſtituantes, j'ai
cru devoir avoir recours à un verre augmentatif. Le cél. *P. Beccaria* me prêta ſes meilleurs
microſcopes, & à l'aide de ſes lentilles j'ai
apperçu les phénomenes ſuivants. La chair
de la Truffe eſt un tiſſu cellulaire compoſé
de petits vaiſſeaux propres l'un à l'autre, communiquant & formant autant de petits reſer-
voirs glanduleux,& remplis d'une humeur gluante. Tous ces petits filets qui s'offrent à nos
yeux ſous une forme d'arboriſation dans le
corps de la Truffe, ſont autant de veines
diverſement diramées, mais toutes partant d'autant de petits centres communs déſignés, par
autant de petits points noirs imperceptibles
à la vue, & à peine diſtinguibles à l'œil
armé d'un verre augmentatif. La vue de ces
petits points fit tout de ſuite naître dans mon
éſprit l'idée flatteuſe que ces centres communs
devoient étre les germes de la génération fu-
ture, vivifiés par les produits du fruit exi-
ſtant, dont ces veines lui communiquoient

les secours. Mais comme j'appercus à la suite de mes observations que ces mêmes veines, dont une extrêmité touchoit à ces points, aboutissoient par l'extrêmité opposée au parenchyme de l'écorce, dans l'immensité de la quelle elles se perdoient à force de se diramer, je crus devoir suspendre mon jugement & considérer avant tout la nature de l'écorce de ce fruit ; analyse à laquelle je procédai tout de suite.

Vous vous rappellerez, Monsieur le Marquis, que je vous ai dit au commencement de cette lettre, que les Truffes grises avoient pour enveloppe une peau fine, recouverte d'un duvet ras mais serré, qui lui donnoit un tact velouté : telle est l'apparence de cette espece de Truffes considerée â l'œil nu, mais à l'aide du microscope les parties constituantes, augmentant pour ainsi dire leur volume, présentent un champ plus vaste & plus ouvert à l'analyse. Voici les détails que mes lentilles m'ont fait discerner dans la contexture de cette enveloppe. La peau de la Truffe grise est composée de deux membranes : l'une très-fine & satinée touche immédiatement le tissu cellulaire du fruit ; l'autre plus nourrie est recouverte du duvet dont nous avons parlé. La premiere pellicule n'a dans sa contexture aucun corps intermédiaire, du moins apparent. La seconde est un vrai

tissu

tiſſu réticulaire ſemblable à celui que Mr. *Hé-riſſant* a reconnu être le premier canevas des coquilles ; avec cette différence pourtant que le tiſſu animal ſe trouve également incruſté de particules minérales qui compoſent le reſte de la coquille, au lieu que le tiſſu végétal de la Truffe griſe à chaque angle a un point qui eſt le germe d'un des poils qui compoſent le duvet ſupérieur, & à la nutrition du quel concourent les différentes ramifications ou branches diramées des veines dont nous avons parlé. Il eſt encore bon d'obſerver que ces veines circulent, non dans l'épaiſſeur d'aucune de ces deux peaux, mais préciſement entr'elles. Cette analyſe forma un doute dans mon éſprit : je ne ſavois quels points je devois conſidérer comme germes véritables, ſuppoſant éffectivement que l'un des deux le fut. Les centres communs des veines paroiſ-ſoient mériter la préférence à l'apparence, mais je n'avois aucun indice certain de cette deſtination. Dans ce choc d'idées favorables ou contraires je me rappellai, que la putré-faction étoit un acte ſpontané de la nature par le quel ordinairement dans la ſépara-tion des parties compoſantes, elle dévelop-poit les principes des êtres quelque fois d'une maniere aſſez viſible. Sur ce fondement j'eus recours à cette méthode, ainſi que je vous l'ai dit plus haut, épiant toujours la nature

le microfcope à la main, afin de pouvoir
rendre compte d'un plus grand nombre de
faits relatifs à fa marche dans le phénomene
que je voulois connoître.

D'aprés ce principe j'ai fait l'éffai dont
j'ai eu déjà occafion de vous entretenir, &
en effet à la fuite de la folution de continuité que je vous ai annoncée plus haut,
j'ai remarqué deux effets bien différens & également déçififs. A mefure que la chair de la
Truffe fe defséchoit, les petits points noirs,
que j'avois obfervés dans cette maffe charnue,
fe defséchoient également, ainfi que les veines
qui y aboutiffoient. Tout au contraire les ramifications des mêmes veines tendantes vers la
peau du fruit fe gonfloient, augmentoient
de diametre, & bientôt, quelques jours après,
j'ai vu fanner & fe reduire en poudre le
duvet extérieur : en même tems les points du
tiffu groffirent, percerent la membrane extérieure, & s'offrirent au déhors fous la forme
de la fémence de la plante connue fous le
nom de *Nigelle aromatica*, c eft-à- dire d'une
figure oblongue, d'une confiftance médiocre-
ment dure, & d'une couleur noire, mais
point liffe, comme l'eft la fémence de la
plante nommée.

Charmé de cette découverte, je recueillis
avec foin cette precieufe fémence, & l'ayant
remife en terre, au bout de quarante-cinq

jours de repos, je fouillai mon thrèſor, & à mon grand contentement je trouvai de petites Truffes naiſſantes, de la groſſeur des petits pois communs, marbrées, ramifiées, odorantes, mais n'ayant preſque point de duvet, ou plutôt ayant ſimplement la premiere membrane, pellicule imperceptible à l'œil nu.

J'ai gardé une partie de ma récolte pour la faire profiter en terre, & pouvoir en même tems meſurer le temps de la croiſſance de ces nouvelles Truffes, particularités dont je ne manquerai pas de vous faire part, auſſitôt que j'en aurai des notions ſûres. En attendant je vous envoie quelques petits échantillons de Truffes de mon cru. Leur état préſent les met hors d'état de tout emploi, mais il eſt ſuffiſant pour demontrer d'une maniere victorieuſe la certitude de la régénération des Truffes par le moyen d'une ſémence recueillie par les mains des hommes. Depuis les travaux de Bradley on n'a plus diſputé ſur la poſſibilité de ce procédé relativement aux Truffes noires; mais quant aux griſes toutes les voix étoient contraires. Le ſuccès qu'ont eu mes entrepriſes m'eſt d'autant plus flatteur que bien d'habiles obſervateurs avoient renoncé à cette entrepriſe, non qu'ils regardaſſent le principe comme faux, mais parcequ'ils conſideroient l'éxécution de cette analyſe comme au deſſus des

. B ij

forces humaines. Ce n'est pas la premiere
fois que l'assiduité & la patience ont triomphé
des obstacles crus insurmontables, & abordé
dans un port considéré comme l'écueil du gé-
nie & des plus vastes connoissances. Je croirai
ce même succès comme plus assuré, s'il mérite votre approbation : le suffrage d'un homme juste & éclairé est un rayon lumineux
trop nécessaire à la vérité & sans le quel elle
ne se présente jamais dans un jour favorable.

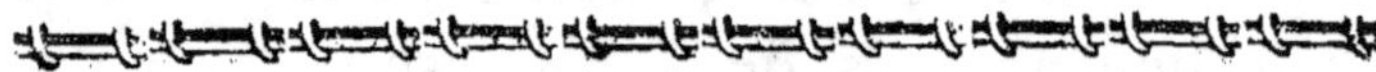

LETTRE II.

au même.

La complaisance avec la quelle vous avez reçu,
Monsieur le Marquis l'exposé de mes
éssais sur les Truffes du Piémont, m'engage
à vous communiquer la suite de mes observations ; elles partent toutes du même cen-
tre, & ont un but commun. La curiosité a
fait naître la première idée de cette analyse,
l'espoir d'une utilité universelle à étendu les
bornes de ces recherches, & si une expérience privée a constaté la certitude du sistême,
c'est à un travail plus en grand à établir les
moyens de l'application de ces préceptes à
une manutention suivie.

Dans la première Lettre que je vous ai

adressée sur ce sujet, je n'ai éxaminé que la nature de la Truffe, la qualité du terrain qui convient à ce fruit & les résultats de mes opérations sur la régénération de ce produit singulier. Tout ce que je vous ai dit est fondé sur la plus éxacte verité, mais la rigidité des expériences ne sert à rien, si l'on ne détaille point les procédés. Aussi n'ai-je écrit cette premiére lettre que pour satisfaire à votre curiosité, & pour vous donner l'avantgoût d'une découverte qui a le double avantage de réunir l'utile à l'agréable. Considérez donc mon premier écrit comme un poste avancé, comme cette lueur électrique, précurseur passager des phénomenes d'une inflammation dans l'atmosphere, qui annonce le tonnerre sans l'apporter; & puisque vous voulez donner à mes opérations une plus grande extension, en reduisant mes éssais en pratique, souffrez que je présente mes principes dans le plus grand détail possible, autant pour l'honneur de ma découverte que pour l'utilité de l'emploi des procédés préscrits.

Fuyant toute érudition inutile, qui bien souvent surcharge plus les écrits didactiques qu'elle ne les étaye, je ne citerai aucun des auteurs qui ont écrit avant moi sur cette partie de l'histoire naturelle; d'autant plus qu'en rapportant leurs sentimens sur les Truffes, je ne présenterois qu'un conflit d'opinions différentes, les unes contraires aux autres, & aussi foibles dans leurs syllogismes que mal fondées dans les prétendus principes qui ont fait naître ces conclusions. Par conséquent toute formation spontanée (*Fortunatus Licetus de sponte nascentibus Liv. III. C.* 3. 4. 5.), tout ésprit fermentateur, (Lettre de *Marc Aurele Severin* à *M. R. Besler. Rozier* supp. T. 13. p. 8.); toute conglomération de molecules terrestres, *Pline*; toute influence du tonnerre ou bien des neiges (*ibidem*); & toutes les autres idées de cette nature seront non seulement rejettées par moi, mais même abbandonnées aux ténebres, dont une imagination éxaltée les a tirées injustement. Pourquoi recourir à des ressorts étrangers quand une main toute puissante en a donné d'indigenes à chaque être dans la nature? pourquoi intéresser les plus grands mobiles de la machine universelle de notre globe, à la formation d'un fruit, quand l'expérience journaliere nous instruit que tout s'opére dans ce monde en consequence d'un enchaînement de causes, d'une suite de modifications, dont le premier principe réside dans un germe primitif? N'est-il pas plus simple d'accorder aux Truffes une méthode semblable dans leur croissance à celle des autres plantes, en convenant, en meme tems que leur sémence n'é-chappe à notre vue que par son inconcevable petitesse. Mais cet aveu ne sympatise pas avec l'amour propre des hommes: on aime mieux assigner des causes extraordinaires à un effet qu'on ne conçoit pas, que d'avouer son ignorance pour une vérité qu' un manque de lumieres n'a pas encore rendue palpable à nos sens.

Vous dont les connoissances sont le fruit non seulement d'un ésprit juste par lui-même, mais encore rendu plus lumineux par une culture soignée, vous pouvez, Monsieur le Marquis, mieux que tout autre sentir toute l'étendue de cette vérité ; c'est aussi à vous le premier que j'ai communiqué ma découverte & à qui je donne les détails les plus circostanciés des procédés que j'ai suivis dans mes éssais.

Ma premiére lettre a satisfait à l'analyse de la Truffe même, j'y ai également discuté la différence caractéristique des différentes espèces de ce fruit, & la qualité du terrain favorable à ce produit ; enfin je vous y ai exposé la maniére dont j'ai agi pour reconnoître la sémence de la Truffe, pour la recueillir, la sémer & enfin le resultat de mes opérations. Dans la présente je n'aurai en vue que la practique de ces préceptes, en tachant de les présenter dans le point de vue le plus rapproché, afin que ceux que vous destinerez à cette culture puissent aisément opérer d'après

La faifon la plus favorable à la recolte des
Truffes c'eſt l'automne, ou du moins les derniers jours d'été, c'eſt auſſi le tems propre
à leur fémaille, puiſque la terre encore échauf-
fée de la chaleur active du foleil caniculaire,
n'a point encore été pénétrée par l'haleine
humide & glacée des aquilons. D'ailleurs
le fol eſt plus meuble, plus tendre, plus
propre à recevoir la fémence délicate qu'on
lui confie, & le germe a le tems de fe dé-
velopper, d'acquerir de nouvelles forces avant
que le froid ait ferré les molécules terreſtres
qui l'environnent. L'hyver eſt pour lui un
état de repos, & ſi j'oſe le dire d'aſſuéfaction
à l'élément au fein du quel il fe trouve. Au
printemps, lorſqu'un principe vivificateur ani-
me toute la nature & répand fur la terre les
fels agiſſans, & les fucs prolificateurs, la fémence de la Truffe participe auſſi aux bienfaits falutaires que cette faifon accorde à tous
les êtres: par intuſſuſception elle alimente fes
fibres, à travers les canaux radicaux: cette
nouvelle nourriture changée en féve dès le
moment de fon entrée dans les vafes propres, circule dans toute la capacité du corps
qu'elle vivifie, & par un mécaniſme propre
à tout le regne végétal, étend le diametre
de ces fibres, gonfle la capacité du tubercule
& prolonge l'étendue du tiſſu cellulaire, qui
conſtitue la chair de la Truffe. En été la

chaleur pénétrante du foleil influe finguliére-
ment fur l'agrandiffement de ce fruit, par la
dilatation des fluides internes, mais les Truffes ne font gueres bonnes dans cette faifon,
leur chair n'a nulle confiftance, & reffemble
plutôt à une gélée épaiffe qu'à une fubftance
végétale quelconque, ce n'eft qu'en automne
que les fucs dépofent leurs parties plus foli-
des, l'humide furabondant s'évapore, les premiers froids achevent la condenfation, & la
Truffe acquiert alors cet état farineux cro-
quant & légérement favonneux fi eftimé des
gourmets. L'analyfe que je viens de vous
faire des progrès des faifons fur ce fruit, eft
fi vraie, que la plupart des perfonnes qui
n'ont aucun fiftême fur la reproduction de ce
produit, difent communément qu'une Truffe
n'eft pas mure quand elle eft trop furchargée
de fucs humides, ou bien qu'elle eft quelque peu gélatineufe. C'eft ainfi que pour l'ordinaire machinalement & même fans l'inter-
mede de la réflexion, mais feulement en fuivant la voie des loix générales de la nature, nous décelons fes procédés tandis que bien
fouvent nous les dénaturons dans l'explication
étudiée que nous voulons en donner.

L'expofition eft un des objets principaux au-
quel on doit prêter fon attention dans la culture des Truffes, ennemies d'une chaleur trop
active, elles préférent les terrains ouverts,

les prés dans les quels les vents ayent un libre courant, & où les flancs des montagnes voisines ne réfléchissent pas les rayons du soleil toujours plus actifs dans leur réfraction, que dans leur direction naturelle. Lorsque vous aurez fait choix du terrein que vous voulez destiner à ce nouveau produit, songez à la qualité du sol le plus propre à ce fruit. J'ai eu l'honneur de vous observer dans ma premiére lettre que la terre amie des Truffes étoit composé d'un terreau formé en partie par une destruction de végétaux, & d'une argile légére, & peu grasse: à ces deux substances essentielles, j'en ai joint une troisiéme moins nécessaire mais toujours utile : je parle de la rapure de chêne. L'appréciation que j'ai faite de ce terrain, & les proportions que j'ai assignées à ses parties composantes sont si justes, que je n'aurois plus besoin de revenir sur ce sujet, mais la crainte où je suis d'avoir par-là donné naissance à une idée louche, & d'avoir pour ainsi dire protégé un préjugé universellement reçu dans le pays, me fait reprendre encore une fois en main la même matiére.

Nos idées sont toutes filles de l'expériences fausses ou vraies elles ont la même source, & leur rectitude & leurs écarts ne proviennent que du plus ou moins d'aptitude, d'attention & de trituration de l'être qui obferve quelque objet. Les Truffes aiment l'ombre & les arbres les plus parafites : il eſt naturel qu'elles réuſſiront mieux dans un terrain à couvert de l'ardeur du foleil à l'aide des feuilles de quelque arbre ni trop touffu, ni trop élagué dans ſon feuillage ; d'ailleurs les chênes verds, les ormes, les ſaules ſont reconnus pour très-gourmets ſi l'on peut s'exprimer ainſi des humeurs de la terre, & comme très propres à deſſécher le terrain des fluides ſurabondans qui s'y trouveroient ; il eſt donc naturel que les Truffes préférent à tout autre terrain celui qui ſe reſſent de l'influence de ces arbres. On peut obſerver encore que les Truffes ont une affinité décidée avec les deſtructions ligneuſes, & particuliérement avec celles qui fourniſſent le plus de ſels agiſſans, on connoit aſsez la natue du chêne pour ne pas s'étonner du penchant qu'ont les Truffes á croître dans les lieux où vient cet arbre. Ces obſervations ſont fondées ſur l'expérience & ſur la réflexion, auſſi ſont-elles inconteſtables dans leurs principes & dans leurs concluſions, mais par une fauſſe interpretation on donne à cette ſympathie des Truffes un ſens tout contraire, & le public eſt imbu de l'idée que les Truffes ne peuvent venir ſans les chênes : certaines perſonnes ainſi que je vous l'ai dit dans ma première lettre ont même décidé que ce fruit

n'étoit qu'une excrescence ligneo terreuse croif-
fant fur les racines de chéne, efpece d'agaric végétal. L'éxamen de plufieurs terrains
produifant les Truffes, l'analyfe du fruit mé-
me & plufieurs faits connus, entr'autres celui d'une groffe Truffe venue dans le creux
du tronc d'un faule, fait que je tiens de
vous-même ; enfin l'abondance des Truffes
dans des terrains où l'on ne voit pas le
moindre chêne, me paroiffent des objections
fuffifantes pour defiller les yeux de ceux qu'
un préjugé renforcé par le temps auroit fait
tomber dans cette erreur.

Le terrain qui produit les Truffes dans
l'Aftefan, & dans d'autres provinces du Piémont offre encore une autre fubflance, dont
la préfence paroit inutile à ceux pour qui
les procédés de la nature font des myftéres,
ou bien de fimples jeux du hazard ; mais
aux regards du naturalifte, à qui l'étude &
l'expérience ont dévoilé l'enchaînement des
caufes fecondaires, rien n'eft inutile, rien
n'eft déplacé & tout atome ne fe trouve dans
le fite qu'il occupe que pour remplir les loix
d'une action à laquelle une main favante l'a
deftiné. Je parle de l'abondance des coquilles qui font répandues dans ce fol. Suivant
l'expreffion fimple mais naive des habitants
de ces lieux, ces coquilles fervent à rafraî-
chir la terre, & la rafraîchiffent en effet.

Car fi l'on confidére que ces corps animaux dans leur deftruction forment une terre calcaire abforbante très-propre à la divifion des glebes d'une terre argilleufe quelque fois trop tenace, & que par le moyen de cette divifion, l'eau qui fe trouve au milieu des molécules terreftres étant expofée à un air plus ouvert, n'eft plus fujette à la fermentation & par conséquent à un échauffement fpontané, on concevra aisément la juftefle de l'axiome des payfans Aftefans.

D'après ces principes choififfez un terrain ouvert, & expofé plus au nord qu'au midi; & lorfque vous aurez reconnu qu'il eft compofé d'une argile peu graffe & d'une terre mœuble & légére, faites bêcher tout cet efpace jufqu'à la profondeur de deux pieds, afin de reconnoître le fol, & pour pouvoir rejetter les corps hétérogenes, comme decombres de murailles, plâtres, ferrailles & tout ce qu'il pourroit contenir. Après ce premier travail obfervez fi véritablement l'argile fe trouve dans ce terrain dans la proportion de 2 à 9 comme je l'ai prefcrit dans ma premiére lettre: fi elle domine trop, faites y ajouter de bonne terre de jardin, jufqu'à ce qu'il y ait dans la totalité a peu pres $\frac{2}{10}$ d'argile, fur $\frac{7}{10}$ de terre franche: fi votre argile étoit trop graffe repandez fur votre terrain $\frac{1}{10}$ de coquilles brisées, ou bien

de la craie ou de marne calcaire. Relativement à la deſtruction végétale qui doit ſervir d'engrais à cette terre, donnez toujours
la préférence à la rapure de chêne, ou bien
aux feuilles ou à l'écorce de cet arbre ſur
tout autre végétal : au defaut de ce bois ſer-
vez vous de la deſtruction d'orme ou de
ſaule. Dans les engrais ordinaires on ſe ſert
communément du tan, mais je n'en conſeil-
le pas l'uſage, à cauſe des parties acides cor-
roſives qu'il contient qui pourroient devenir
nuiſibles aux Truffes renfermées dans ce terrain. D'ailleurs dans tous les engrais on emploie plus volontiers ceux dont la fermentation conſerve plus long-temps la chaleur naturelle, & comme il eſt prouvé que la fermentation occaſionnée par la putréfaction des feuilles eſt plus lente mais plus durable, par
conſéquent la chaleur qui en émane eſt plus
douce, mais plus conſtante ; on leur doit donér
préférence ſur tout autre engrais, ſur-tout
dans la culture d'un fruit ennemi d'une
chaleur trop active. Lorſque vous aurez ainſi
compoſé votre terrain, ayez ſoin de la faire
bien arroſer de bonne eau de pluye, celle
des ruiſſeanx & des rivieres étant moins diſ-
ſolvante. Laiſſez pendant quelques jours re-
poſer ce terrain dans cet état, & lorſque
vous verrez que les rayons du ſoleil en auront pompé toute l'humidité ſurabondante, &

que la furface de ce fol ne fera ni trop baignée ni trop aride ; faites tracer deffus avec une bêche des canaux paralleles à la profondeur d'un demi pied ; à fix pouces de diftance placez de bonnes Truffes bien choifies & bien faines ; environnez chacune d'elles de trois ou quatre poignées de rapure du chêne & après avoir marqué la tête & la queue de chaque canal par une étiquette ; couvrez les de la même terre que vous en aurez retiré ; obfervant de faire déffus, dans toute la longueur une motte en dos d'ane avec la terre furabondante, pour empêcher que dans les temps de pluye l'eau ne pénétre pas fi aifément jufqu'à la Truffe, & ne la putréfie trop tôt.

Je vous confeille ici de mettre les Truffes toutes entieres en terre plutôt que leur femence, tant à caufe de l'embarras qu'il y a à recueillir cette derniére, que parceque la deftruction du tiffu cellulaire des Truffes putréfiées ne concourt pas peu à hâter la germination de ce fruit. J'ai opéré d'une maniére contraire dans mes premiers éffais, mais c'étoit pour vouloir reconnoître l'exiftance du germe de ce produit. Toutes ces deux méthodes font bonnes, cependant dans un travail en grand je préférerai toujours celle que je vous recommande dans la préfente.

Une fois les Truffes en terre, laiffez travailler la nature par elle-même jusqu'à l'automne prochaine, n'ayant dans cet intervalle d'autre soin que celui de voir de tems en tems ce terrain ; & au cas que les chaleurs trop vives de l'été l'eussent desséché, de lui accorder une humidité trop nécessaire en l'arrosant d'une pluye ainsi que je vous l'ai dit plus haut. Les pluyes violentes peuvent être nuisibles aux Truffes, aussi seroit-il bon de faire écouler l'eau stagnante des rigoles qui se trouvent entre chaque motte longitudinale, en la chassant par le moyen d'un balai de ris un peu épais.

Au moyen de ces précautions vous pourez compter, MONSIEUR LE MARQUIS, sur une récolte abondante & sûr chaque année, d'autant plus agréable que le fruit se trouve à tout moment á votre disposition sans qu'on soit obligé de se livrer à la merci des monopoleurs, qui souvent dans les saisons avancées abusent de la rareté des Truffes en les vendant à un prix exhorbitant. J'ai remarqué que les bonnes Truffes ne se voient communément que depuis le mois d'octobre, jusqu'aux premiers jours de janvier : tout ce qu'on recueille après, se ressent de l'influence d'une saison contraire, ou bien n'est point parvenu à son terme, comme les figues secondaires, & ne peut point mûrir. Comme le luxe des tables a communément introduit

l'usage

l'ufage des Truffes, qu'on en veut avoir même au fein de l'hyver, & qu'on ne peut
laiffer en terre ce fruit, parcequ'il fe gâte
auffitôt après la faifon de fa récolte, il eft
bon d'avoir un moyen fûr pour conferver les
Truffes, afin de pouvoir s'en fervir au befoin.
L'expérience a enfeigné plufieurs méthodes
que les marchands de ce produit emploient
avec afsès de fuccès pour l'ordinaire : en voici les principales. Auffitôt qu'on a tiré les
Truffes de la terre on les éffuye bien avec un
linge propre & puis on les enveloppe avec du
papier trempé dans de la cire fondue, enfuite on les met dans un vafe de verre qu'on
bouche hermétiquement, & qu'on plonge
après celà dans un baquet d'eau qu'on a foin
de renouveller de tems en tems ; ou bien on
plonge les Truffes dans un vaiffeau rempli
d'huile. Cette feconde maniére défend mieux
ce fruit de l'influence de l'air dont le contact
immediat produit un des deux effets fuivants
fur les Truffes : ou il les defséche à un point
de dureté inconcevable, ou il les réduit à un
état de déliquefcence prefque boueux fuivant
fon plus ou moins d'humidité ; mais les Truffes confervées dans l' huile contractent pour
l'ordinaire un peu de l'infipidité du fluide
qui les environne. Ainfi je préférerai toujours
la premiére maniére ; à moins qu'on ne veuil-
le enterrer ce fruit dans du fable fin de ri-

C

viére, mais ce dernier moyen n'eſt bon que pour une conſervation de peu de durée.

Bradley dans ſes nouvelles obſervations phyſiques & pratiques, à l'article des Truffes p. 282, rapporte que dans le parc de Richemont il ſe trouve auſſi des Truffes ayant l'odeur de l'ail comme celles du Piémont, mais il attribue cette particularité à l'abondance de la plante dite *ail de Corneille* qui couvre les énvirons de ce terrain. Comme il ne rapporte ce fait que ſur un oui-dire, je crois qu'il eſt permis de révoquer en doute cette aſſertion, car nulle part encore en Europe on n'a point vu ce produit abſolument propre au terrain de quelques provinces piémontoiſes.

Suivant le même auteur on peut s'aſſurer de l'état des Truffes par des ſignes extérieurs. Lorſque la Truffe eſt mûre, on voit voltiger à l'entour de l'endroit qui les produit des mouches bleues; mais lorſqu'elles font dans un état de putréfaction ces mouches diſparoiſſent & font remplacées par d'autres tout-à-fait noires. J'ai eu occaſion d'examiner ces inſectes dans ces différens états, & je vous en donne le deſſein afin que vous puiſſiez en concevoir plus aiſément la forme.

Les mouches bleues proviennent d'un petit ver blanc ayant une tête noire & deux poils bruns à l'extrêmité : le nid de cet inſecte ſe trouve dans la Truffe mêmç au milieu d'une petite cavité noire qui recéle son germe. En grandissant ce ver change plusieurs fois de couleur, de blanc il devient couleur de caffé au lait, puis brun rouge, ensuite il passe à l'état de chrysalide, & s'enferme dans une coque blanche qu'il s'ourdit lui-même, & enfin il ressort de ce cocon en forme de mouche bleue. Voyez la planche.

Les mouches noires doivent leur naissance à un ver brun, qui noircit toujours plus en avançant en âge, qui dans l'état de chrysalide se revêt d'un cocon brun à peu près comme celui des teignes, & puis au moment de sa métamorphose reparoit sous la forme d'une longue mouche noire. Voyez la planche.

Quoique les détails que cette lettre renferme me paroissent être suffisans pour assurer la culture des Truffes, je ne regarderai point ma tâche comme remplie, si en vous offrant les moyens de propager les Truffes où vous voulez qu'elles viennent, je ne vous donne pas en même tems les moyens de les détruire où vous ne voudrez pas les avoir. Cette proposition paroit déraisonnable & contraire aux vues de la nature ; cependant si l'on veut y réflechir un moment, on en concevra aisément l'utilité. Vous savez, Monsieur le Marquis, que ce ne sont point les propriétaires des prés où croissent les Truffes, qui recueillent ce produit. Des Payfans, des vagabonds, efpèce de braconniers payés par des monopoleurs, font cette récolte; & comme les Truffes n'ont point de lieu fixe, & qu'il faut faire bien des fouilles pour en trouver, ces gens avec leurs pioches défolent les meilleurs près, & aux dépens du fourrage des propriétaires ils s'enrichiffent d'un fruit dont la vente devroit étre réfervée de droit à celui à qui appartient le fol qui le produit. L'ufage & la gourmandife autorifent ce brigandage. N'eft-il donc pas utile, de trouver un moyen qui puiffe fans priver les banquets de nos Lucullus d'un plat fi recherché, mettre les près à l'abri des fouilles intéreffées des chercheurs de Truffes? Car il eft fur qu'en détruifant ce fruit dans ces près dès qu'il n'y fubfiftera plus, l'odeur qui le trahit n'affectera plus les papilles nerveufes du nez des chiens qu'on emploie pour les découvrir & l'on délaiffera ces près à leur jufte deftination, en les confidérant comme ne produifant plus aucune Truffe.

Rien de plus aifé que de rendre un terrain aride & incapable d'aucune production; mais ce n'eft pas là ce que nous cherchons: je veux que votre pré fourniffe, foit le fain-foin ou la luzerne que vous y ferez femer, foit les plantes qu'il produifoit de tout tems par lui-même; mais je veux en même tems qu'il ne vienne plus de Truffes dans ce terrain. Pour cet effet je vous confeillerai de fuivre le procédé fuivant.

Faites bêcher tout votre pré à un pied à peu-près de profondeur, ou bien faites enfocler les glêbes ; enfuite faites y paffer la herfe à plufieurs reprifes ; puis faites y repandre le plus que vous pourrez de fumier. La chaleur que cette couche extérieure communiquera à la terre fur laquelle elle fe trouve étendue, fera perir toutes les Truffes qui pourront s' y trouver. Ce procédé vous occafionera quelques frais, cela eft vrai, mais fongez que vous ne les fupportez qu'une feule fois, & que par là vous vous delivrez pour toujours d'une incommodité véritablement onéreufe.

Voilà le réfumé de mes opérations fur les Truffes du Piémont : je défire que ces principes mis en pratique deviennent auffi utiles que je l'efpère, & je ne doute nullement du fuccès fi un bras laborieux guidé par un efprit intelligent préfide à ces travaux. Les éffais que vous ferez à ce fujet vous meriteront la reconnoiffance de vos compatriotes, aux quels vous affurerez par là une récolte confidérée jufqu'à préfent comme très incertaine.

TROISIEME LETTRE.

A MONSIEUR

LE COMTE MOROZZO

Capitaine Major au Régiment des Gardes
de S. M. le Roi de Sardaigne.

LE suffrage d'un homme comme vous, MONSIEUR LE COMTE, est si flatteur que je me serois fait un plaisir de le rechercher moi-même, en vous consultant sur mon travail; jugez donc d'après ces sentimens s'il m'est doux de me prêter à l'empressement que vous avez bien voulu me témoigner de voir mes éssais sur les Truffes du Piémont. Voici les lettres que j'ai écrites à Monsieur le Marquis de Balbian, avec les desseins qui y sont re-latifs: j'y joins la présente pour satisfaire à quelques détails omis dans les lettres préce-dentes, que j'ai cru inutiles à l'objet de mes recherches, mais que j'estime ne pas de-voir paroître indifferens à vos yeux: je par-le de l'analyse chimique que j'ai faite des Truffes grises & des champignons nés sur pierre, ainsi que de la gangue qui produit ces derniers. C'est la lecture de la dissertation que vous m'avez prêtée qui m'engage à cette communication . Chymiſte vous-même prevalez-vous du libre arbitre d'un affilié de ce grand art , & d'après les réſultats des opérations réiterées ſur cette matière , décidez de la prétendue ſimilitude que Monſieur Marc Aurele Severin croit trouver entre les Truffes & ces champignons ſinguliers . Aiguillonné par le même eſprit de curioſité qui a guidé Mr. Severin dans ſes recherches, je me ſuis livré tout entier à l'analyſe de ces champignons & de leur pierre nourriciére dans le tems de mon ſéjour à Naples , où la complaiſance de Mr. le Prince de Francavilla m'a aplani une partie des difficultés qui pouvoient gêner cette entrepriſe, & j'ai reçu de ſes mains pluſieurs gros morceaux de cette pierre , les quels, comme je le dis dans une de mes lettres à Mr. le Marquis de Balbian , ont produit chez moi, non ſeulement de leur propre cru , mais encore au ſein de la terre , que j'avois compoſée à l'imitation de leur nature.

Mes premiers éſſais s'étendirent ſur la pierre elle-même : j'ai employé pour connoître ſa ſubſtance tous les moyens que nous fournit l'art, & toute la perſpicacité dont je puis être capable . A' la ſuite de mes travaux j'ai reconnu que cette pierre étoit un tuf, c'eſt-à-dire plein de particules calcaires entre-mêlées avec d'autres vitrifiables . Ces dernieres ſont

d'une nature fablonneufe. Cette pierre eft raboteufe au dedans, fur-tout dans les caffures
fraîches. Sa couleur eft jaunatre, mais le
contact immédiat de la terre la noircit à l'exterieur. Le ciment qui unit fes parties con-
ftituantes eft très-foible, par conféquent fa
confiftance a peu de vigueur & rend cette
pierre prefque friable au fimple toucher.

Il eft aifé de voir que Mr. Severin a voulu parler de la même pierre dont je donne
ici la définition; les qualités caractériftiques
évidentes forment la reffemblance des deux
tableaux, mais faut-il demander à ceux qui
connoiffent ces pierres, le quel des deux a
mieux faifi la nature dans fon travail?

Voici la définition de Mr. Severin. ,, La
,, fubftance de ces pierres eft réellement tu-
,, beracée dit-il, c'eft à dire calleufe. Selon
,, Pline & Imperati elle eft fimple & com-
,, pofée d'une matiére fablonneufe, qui confti-
,, tue également la fubftance de l'un & l'au-
,, tre corps; la couleur eft la même, c'eft-
,, à-dire noiratre; la furface eft raboteufe; la
,, partie interne eft très-reffemblante, elle eft
,, blanche quoi qu'un peu mêlée de couleur
,, de terre; la confiftance tient le milieu en-
,, tre les corps durs & les fubftances mol-
,, les; elle eft moins dure que la pierre or-
,, dinaire, mais plus ferme que le champi-
,, gnon; elle tient auffi le milieu entre le

„ bois & la terre ; ajoutez que l'un & l'au-
„ tre corps eft très-rare : je ne dirai pas, qu'ils
„ végétent & croiffent par eux-mêmes égale-
„ ment, qu'on les trouve l'un & l'autre fous
„ la premiere croute de la terre ".

Pourriez-vous me dire, MONSIEUR LE COM-
TE, ce que c'eft qu'une fubftance fimple &
composée en même tems, dont la confiftance
tenant le milieu entre les corps durs & les fubftances molles, eft moins dure que la pierre ordinaire & plus ferme que le champignon
& qui enfin tient le milieu entre le bois &
la terre? Je pourrai vous faire auffi plufieurs
autres queftions : par exemple, fur la premiere
croute de la terre, fur l'efprit fermentateur,
fur la fpontanéité de la formation des Truffes, mais je fufpens mes demandes dans l'ef-
pérance qu'un fecond mémoire de Mr. Severin nous éclaircira tous ces objets ; & je paffe
tout de fuite aux analyfes chymiques. Com-
mençons par la pierre aux champignons.

Cette pierre eft légere, poreufe, peu com-
pacte, fes molécules terreufes font inégales ;
par conséquent c'eft un tuf. Ses parties con-
ftituantes font entrêmelées de fable argilleux
& de marne calcaire ; donc c'eft un tuf ref-
fractaire, c'eft-à-dire argilleux & marneux à
la fois. En conséquence de cette double nature, cette pierre, au contact des acides ne
produit qu' un' effervefcence foible, plus agif-

fante en certains lieux qu'en d'autres, à caufe des parties vitrifiables & calcaires qui com-
pofent fa fubftance.

Humectée d'eau elle l'abforbe abondamment, préfentée à un feu vif elle s'y calcine
prefque toute entiére, expofée à l'air libre elle
tombe en efflorefcence; tous ces réfultats me
paroiffent des indices certains que cette pierre
eft plus calcaire que vitrifiable.

Lavée dans plufieurs eaux cette pierre devient ftérile, parcequ'on lui enleve la femence
des champignons qu'elle renferme dans la capacité de fes pores.

Retirée de la terre elle produit un fruit foible, figne certain que cette pierre fert de ra-
cine au champignon, car la plante profite con-
fidérablement auffitôt que la pierre étant remife en terre peut, par fa qualité abforbante, pom-
per les fucs néceffaires à la prolification du champignon & les tranfmettre au germe de ce fruit que
ce tuf renferme dans fes cavités interieures.

Après ces analyfes extérieures, mais fuffifantes pour nous donner la connoiffance de la nature de cette pierre, j'ai tourné mes obfervations vers le fruit qu'elle produit.

Le champignon qui naît fur cette pierre
emploie quatre jours à fa croiffance & au bout
du dernier il durcit & devient inutile. Mr. Severin rapporte le fait, il mais ne l'explique
pas : voici ce que mes analyfes m'ont appris
à ce fujet.

Cette plante singuliére ne croît qu'à l'aide
des sucs que lui fournit la pierre, ainsi que
nous l'avons observé plus haut. Tous les
fluides qui passent se à la plante filtrent à
travers de la pierre; & comme cette pierre est
un tuf, les sucs qui circulent dans cette ma-
trice doivent devenir quelque peu topheux. En
conséquence, tant que la plante est tendre, les
particules topheuses s'arrêtent à l'extrêmité de
pedoncule, & ne pouvant point passer elles-
mêmes à travers des vases propres des champignons, y laissent seulement monter les particules fluides les plus tenues. Mais quand le
champignon a étendu le diametre de ses fibres, le passage étant moins étroit, les particules pierreuses montent à l'aide des aqueu-
ses, & bouchent bientôt tous les tuyaux,
obstruent, & obliterent toutes les parties néces-
saires au mecanisme intérieur, les particules
nutritives ne sont plus disparties, la circula-
tion cesse, la végétation est interrompue, & le
fruit se fane à l'exterieur, dans le tems même
que son intérieur se pétrifie, pour ainsi dire
par l'addition continuelle des parties pierreuses qui réduisent le champignon en un'
espèce de concretion. Cette vérité devient
plus palpable encore si on analyse la maniére dont les Napolitains accomodent ces fruits.
Après l'avoir cueilli le second, ou au plus
tard le troisiéme jour de son crû, ils cou-

pent ce champignon en petites tranches tranfverfales, puis ils cuifent ces tranches dans du
lait à deux reprifes, les battent entre les deux
cuifons avec un bois plat, & enfin les font
frire au beurre ou à l'huile. Dans cette manutention, dont beaucoup de cuifiniers ne fauront
point rendre raifon, mais qu'ils fuivent tous
aveuglement, qui ne voit pas une méthode
prudente enfeignée par l'expérience? On coupe
le champignon en tranches tranfverfales pour
tailler à la fois toutes fes fibres, & ouvrir par
là les paffages des canaux alimentaires de la
plante : on les cuit dans du lait d'abord la
premiére fois pour attendrir les parties char-
nues du fonge, & délayer en même tems les
particules pierreufes qu'elles peuvent contenir; on bat entre les deux cuiffons ces tranches, pour écrafer les dépôts topheux qui
pourroient s'être formés dans quelques tuyaux,
& par là rendre ces particules plus folubles;
on cuit une feconde fois ces tranches dans
du lait, pour emporter tout ce que la premiére & la feconde opération ont détaché,
préférant le lait à l'eau à caufe des parties
favonneufes du premier fluide, plus propres à
une diffolution plus douce. Enfin on frit ces
champignons au beurre ou à l'huile autant pour
leur donner un peu de haut goût, que parceque la chaleur d'un fluide gras eft plus active que celle d'un fluide aqueux, & par con-

séquent attendrit mieux les parties membra-
neufes de ces champignons.

Après ces obfervations, j'ai cru devoir
procéder à l'analyfe chimique de ce produit.

Dans trois alambics différents j'ai mis sé-
parément un champignon de deux jours, un
autre de trois, & un autre de quatre, marquant chaque alambic d'une étiquette. J'y ai
d'abord opposé un feu très-doux, bientôt
après je l'ai poufsé toujours plus, mais graduellement. En premier lieu le num. 1. m'a
donné un flegme afsès clair, le n. 2. un
flegme jaunatre & le n. 3. a tardé plus
d'une heure à manifefter le fien, qu'il a enfin
produit également d'une couleur jaunâtre. En
augmentant le feu, j'ai vu ce flegme fe dif-
foudre, mais d'une maniére différente dans
les trois alambics; le num. 1. me donna une
liqueur gluante jaunâtre, le n. 2. une huile
de la même couleur, & le n. 3. une huile
également, mais plus épaiffe, & plus foncée :
toutes ces trois liqueurs couloient & remplif-
foient le récipient, dans le même tems toute
la capacité du récipient des num. 1. & 2.
fut remplie d'une vapeur blanche & denfe.
Cette vapeur fe refolut bientôt en eau claire
en fe dépofant fur les parois du récipient.
Quant au n. 3. il n'en produifit point du
tout. Je diminuai le feu & laiffant faiblir la
chaleur des liquides, j'ouvris mes alambics,

& je retirai du num. 1. à peu près une demie livre d'eau, ou plutôt de liqueur un peu fpiritueufe, mais non de l'efprit, comme le dit Mr. Severin; cette eau reffembloit à l'eau de gayac à caufe de la fimilitude qu'ont entr' elles toutes les eaux retirées par la diftillation des fubftances végétales. Le n. 2. produifit un peu moins d'eau de la même qualité, mais un peu plus colorée & moins diaphane. Le n. 3. n'en donna point du tout. Les parois des trois récipients étoient tous couverts de goutes d'huile empyreumatique, particuliérement celui du n. 3., dont l'odeur même étoit plus forte, la teinte plus foncée & la confiftance plus épaiffe. Les vapeurs qui émanoient des récipients étoient inflammables au fimple rapprochement de la flamme d'une bougie; le caput mortuum de cette diftillation fut un charbon gluant dans les deux premiers numeros, mais tres-aride dans le troifiéme. L'incineration de ces charbons produifit une cendre grife pour les num. premiers & brune foncée pour le dernier. Au milieu de fes cendres fe trouvoient éparfes des particules brillantes, plus communes dans les deux num. premiers que dans le 3. J'ai reconnu que ces particules étoient un fel fixe acre & abfolument alkalin, faifant efferveſcence au contact des acides & non pas acre & acidule, comme le prétend Mr. Severin.

Par les réfultats ci-deffus rapportés , j'ai cru pouvoir conclure que les champignons de deux & de trois jours étoient plus végétals que minérals ; que les parties topheufes avoient encore peu pénétré dans leurs fibres ; & que par conféquent ces plantes étoient encore en état de fournir un efprit recteur & une liqueur volatile , au lieu que ceux du quatriéme , devenus prefque fubftance pierreufe n'en produifoient plus . Quant à l'huile effentielle que j'en ai obtenue par une diftillation néceffairement violente , opérant fur une matiére prefque pierreufe , elle ne pouvoit qu'être empyreumatique , émanant d'une fubftance végétale , mais dans le n. 3. elle étoit plus épaiffe , plus forte en teinte &c. parcequ'elle s'affimiloit à un' efpece de bitume de pierre ou de petroleum . Les charbons des deux premiers n. étoient gluants & baignés par l'abondance de liqueur volatile qui les recouvroit ; dans le n. 3. le charbon étoit aride , car le peu d'huile effentielle , que la fubftance diftillée contenoit , avoit été extrait , & n'ayant aucun fluide qui le détrempat , il ne pouvoit que fe trouver dans un état de ficcité extrême .

Enfin ces charbons dans l'incinération ont produit une cendre grife pour les deux premiers n. , à caufe de l'abondance des particules falines qui s'y trouvoient préfentes ; au lieu que leur manque prefque abfolu & l'aridité des particules terreuses du troisiéme num. en rabaissoient la teinte.

Ces sels étoient acres & alkalins, mais je ne vois pas pourquoi cette qualité dut faire attribuer leur formation à l'esprit fermentateur. Les ongles humains brulés & lexiviés produiront les mêmes sels : en consequence nous assureront-ils que le corps de l'homme, dont ces ongles font partie, dut sa formation au même esprit. La ressemblance de cette huile avec l'huile de gayac ne provient comme nous l'avons observé plus haut, que de la similitude qui se trouve entre tous les produits empyreumatiques & principalement entre les huiles essentielles retirées des végétaux, mais quand même cette huile seroit absolument de la qualité de celle de graine, cela ne seroit point une preuve que cette substance fossile fut fongueuse & ligneuse comme le conclut Mr. Severin.

Passons à présent à l'éxamen des résultats de l'analyse chimique que j'ai faite des Truffes.

Coupée par tranches & mise dans un alambic de verre, à un feu doux la Truffe m'a donné un flegme épais : en augmentant la chaleur, j'ai vu ce flegme se dissoudre & produire une huile trouble, grasse & forte en teinte ; dans le même tems tout le récipient se remplissoit de vapeurs rares, qui bientôt se subtiliserent & disparurent pour se déposer ensuite sur les parois du vase en forme de gouttes acqueuſes. Ayant graduellement diminué la chaleur du feu, j'ai ouvert mon appareil, & j'ai retiré à peine 2 onces de liqueur limpide nullement ſpiritueuſe, & une demie once à peu près d'huile empyreumatique gluante, foncée & épaiſſe. L'incinération du charbon du caput mortuum me produiſit une cendre brune foncée parſemée de particules ſalines brillantes légérement acres au goût, mais très-acidules, & qui faiſoient fermentation étant plongées dans un peu d'alkali :

Faiſons le parallele à préſent des deux réſultats. La diſtillation des champignons a produit un flegme clair, puis une liqueur gluante, en même tems une vapeur denſe, qui s'eſt reduite en eau claire, dont j'ai retiré une demie livre à peu pres; cette liqueur était un peu ſpiritueuſe, enfin le charbon du caput mortuum après l'incineration a produit une cendre griſe parſemée de particules ſalines acres, alkalines, & faiſant effervefcence dans les acides.

Tout au contraire, la diſtillation des Truffes a produit un flegme épais, puis une huile trouble, dans le même tems une vapeur rare diſſoute en liqueur limpide nullement ſpiritueuſe, dont je n'ai eu à peine que 2 onces ſur une demie once d'huile empyreumatique, gluante, foncée & épaiſſe. Le charbon incineré a donné une cendre brune foncée par-

semée de particules salines brillantes, légérement acres, très-acidules & faisant efferve-
scence avec les alkalis.

Combinons les résultats différents de ces
deux opérations & comparons-les ensemble :
où trouverons-nous la similitude qu'a cru en-
trevoir Mr. Severin entre les champignons
venus sur pierre & les Truffes, à moins qu'on
ne la trouve dans la manutention observée dans
la distillation ? Mais en ce cas les champignons
ressembleront aussi à tous les bois & à toutes
les plantes, car l'on procéde toujours à peu près
de la même maniére avec tous les produits
du régne végétal ; leur vraie différence ne se
manifeste que dans les résultats, ainsi que
j'ai eu lieu de vous le faire remarquer dans
cette double opération.

Si la dissertation de Mr. Severin eut présenté des faits plus certains & des conclusions
plus triturées, je n'aurois jamais mis au jour
les recherches que j'ai l'honneur de vous
communiquer ; mais dans la lecture que j'ai
faite de cette lettre écrite à Mr. le Docteur
Besler & insérée dans le Journal de physique
de Mr. l'Abbé Rozier, j'ai trouvé qu'il y
avoit encore beaucoup à désirer sur cette matiére, & j'ai cru pouvoir publier les résultats de mes opérations sur le même sujet.
Vous trouverez moins d'érudition dans mon
ouvrage, mais plus d'exactitude, & sur-tout

plus de fuite dans mes conclufions toujours faites en conséquence des faits conftatés. Ayant traité des matiéres non moins difficiles, j'efpère que vous voudrez, MONSIEUR LE COMTE, avoir pour moi l'indulgence que mérite l'écrivain à l'égard de la nature du fujet, que vous pardonnerez la prolixité de mon narré & l'aridité de mon ftyle. La matière que j'ai maniée exigeoit un peu d'extenfion, afin d'être rendue avec plus de clarté, d'ailleurs l'emploi des termes confacrés à la chymie, par une répétition continuelle, éloigne de ces fortes d'ouvrages les graces de la diction & l'énergie d'un ftyle agreable, propres aux fujets fimplement littéraires.

MILAN. MDCCLXXX.
Au Monaftère Impérial de St. Ambroife.
AVEC APPROBATION.

ERRATA.

Préface pag. III. fyſthême *liſez* ſyſtême.

Ibid. pag. VIII. que d'un autre *liſez* que d'une autre.

Lettre I. page 3. comm'un *liſez* comme un.

Ibid. d'un'ecorce, *liſez* d'une écorce.

Ibid. pag. 9. celle de la lavure, des coupeaux des fonges *liſez* celle de la lavure des coupeaux de fonges.

Ibid. pag. 12. ils reconnoſſoïent *liſez* reconnaiſſait.

Ibid. mais ils aſſuroïent *liſez* mais aſſurait.

Ibid. pag. 15. petits vaiſſeaux propres l'un à l'autre, communiquant *liſez* petits vaiſſeaux propre, communiquant l'un à l'autre.

Ibid. à peine diſtinguibles *liſez* à peine ſenſibles.

Ibid. pag. 17. le reſte de la coquille *liſez* le teſte de la coquille.

Ibid. pag. 18. nigeîle aromatica, *liſez* nigella aromatica.

Lettre II. pag. 30. ou de marne calcaire *liſez* ou de la marne calcaire.

Ibid. pag. 32. en l'aroſant d'une pluye *liſez* en l'arroſant d'eau de pluye.

Lettre III. pag. 4. Tous les fluides qui paſſent ſe à la plante filtrent à travers de la pierre; & comme cette pierre eſt un tuf, *liſez* tous les fluides qui paſſent à travers cette éponge pierreuſe doivent naturellement participer de la nature de la ſubſtance à travers de la quelle ils filtrent, & comme cette pierre eſt un tuf.

Ibid. de pedoncule *liſez* du pedicule.

Ibid. pag. 45. d'abord oppoſé *liſez* d'abord appoſé.

Ibid. pag. 48. celle de graine. *liſez* celle de gayac.

On n'a marqué ici que les fautes eſſentielles afin d'eviter les ſens louches, l'intelligence du Lecteur ſupléera au reſte.

A. Truffe grise dans l'etat naturel B. Truffe coupeé horizont.¹ C Truffe coupeé vertical.¹
D. Truffe. coupeé horizont.¹ vue au Microsc. E Truffe coupeé vertical. vue au microsc.
F. Truffe pourrie coupeé horizont.¹ G Truffe pourrie manifestant sa semence

Dessiné par l'Auteur.   Gravé en couleur par Louis D'agoty

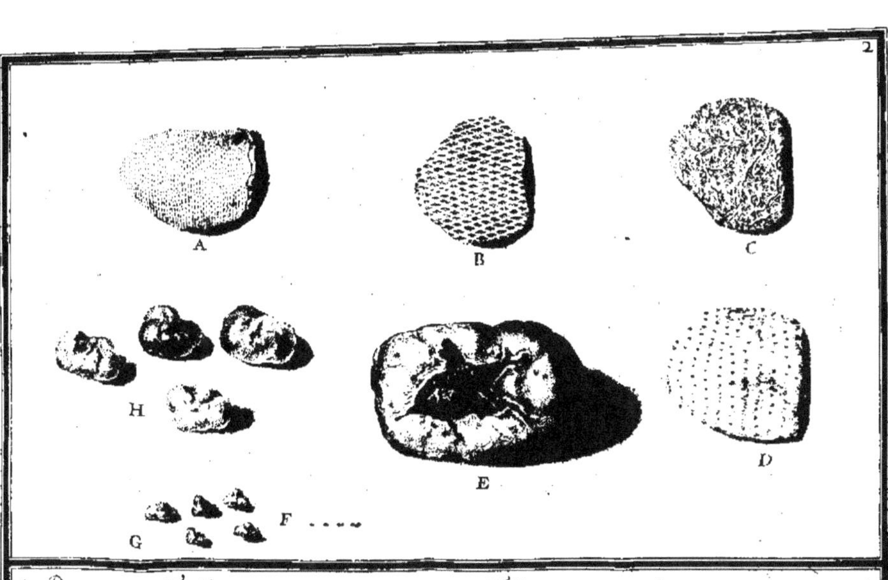

A. Peau de la Truffe grise vue au microscope. B. Tissu reticulaire de la même. C. contre partie de la peau avec la vue des fibres. et des points de la semence. D. les mêmes vûs sur le tissu reticulaire E. Tr. pourrie se crevassant. F. semence de 11. jours. G. Tr. de 45 jours. H. Truffe de trois mois

Dessiné par l'Auteur   Gravé en couleur par Louis D'agoty

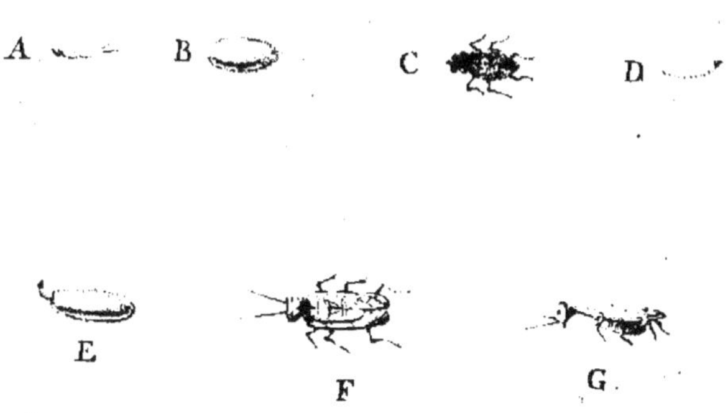

A. Ver de la Mouche bleue. B. Cocon de sa Chrysalide. C. Mouche bleue des Truffes. D. Ver de la Mouche noire. E. Cocon avec le Ver qui s'y renferme. F. Mouche noire vue à vue d'oiseau. G. Mouche noire vue en profil.

Deſsiné par l'Auteur.

Gravé en couleur par Louis Dagou.